COUTUMES

DE

CASTELNAU-DE-RIVIÈRE-BASSE

LEUR CONFIRMATION EN 1309 & EN 1598

ÉDITÉ PAR

A. MALARTIC

TARBES

IMPRIMERIE & LITHOGRAPHIE J.-P. LARRIEU

1888

COUTUMES

DE

CASTELNAU-DE-RIVIÈRE-BASSE

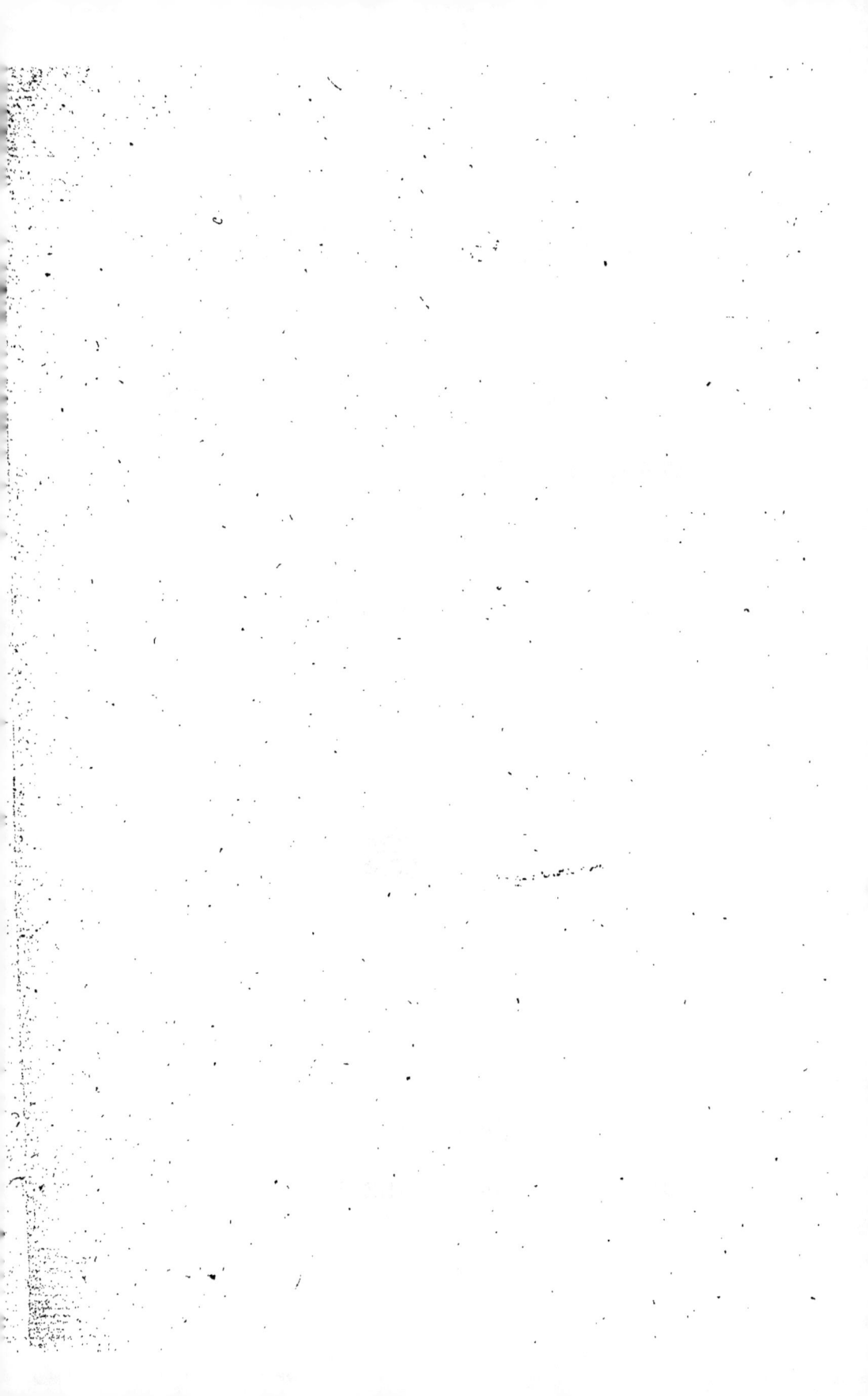

COUTUMES

DE

CASTELNAU-DE-RIVIÈRE-BASSE

LEUR CONFIRMATION EN 1309 & EN 1598

ÉDITÉ PAR

A. MALARTIC

TARBES

IMPRIMERIE & LITHOGRAPHIE J.-P. LARRIEU

—

1888

Extrait du *Souvenir de la Bigorre*, t. VIII, p. 337-384

—

TIRÉ A 50 EXEMPLAIRES

PAPIER A. BRAS VERGÉ BLACONS

—

COUTUMES

DE

CASTELNAU-DE-RIVIÈRE-BASSE

—

Castelnau-de-Rivière-Basse, — *Castrum Novum*, cité d'origine gallo-romaine, capitale du *Pagus de Riparia Inferiori*, ou Pays de Rivière-Basse, *Pagus* qui forma le Bas-Comté de Bigorre ou Vicomté de Rivière-Basse, eut, de bonne heure, un for particulier.

Tout indique que ce for fut donné à l'époque féodale primitive; mais il serait difficile d'en préciser la date.

Cette charte ne nous est connue que par sa confirmation en 1309, par le comte d'Armagnac, Bernard VI, et en 1598, par Henri IV.

Vainement la charte primitive et les chartes authentiques de confirmation ont été recherchées dans les archives de Castelnau-Rivière-Basse, de Tarbes, de Lectoure, d'Auch et de Paris. Il est pourtant certain que les archives de Lectoure en possédaient deux extraits authentiques : « l'un en une peau de parchemin, l'autre en huit feuillets de papier. »

Sans le savant paléographe Jean-Baptiste Larcher, il ne resterait probablement pas trace de nos vieilles coutumes. Nous les lisons dans son *Dictionnaire historique*, mot CASTELNAU *(Sancti Ciricus et Julitta de Castronovo in Ripperia inferiori)*, avec cette note marginale : « Chez M. de la Porte à Maubourguet. » (Ms., Archives du département des Hautes-Pyrénées, F. 3).

L'exactitude habituelle de Jean-Baptiste Larcher nous est un sûr garant que la copie qu'il eut sous les yeux fut exactement reproduite par lui, avec ses incorrections et ses lacunes. Ces lacunes et ces incorrections rendent la leçon de Jean-Baptiste Larcher, en certains articles, difficile à lire et plus encore à traduire.

A ces difficultés s'ajoute celle qui résulte de l'altération et des changements du patois à travers les siècles.

La charte de Castelnau-Rivière-Basse ne porte que très peu de dispositions relatives au droit civil; c'est que, indépendamment du for particulier de Castelnau, place forte, cité comtale, siège de la cour majour, tout le Pays de Rivière-Basse fut soumis au for général de Bigorre (1) jusqu'au passage du Pays de Rivière-Basse au Béarn en 1256, et au for général du Béarn (2) jusqu'en 1309, date de l'une des confirmations que nous reproduisons.

Notre travail, pour être amélioré et complété, sollicite les recherches et les critiques des érudits qui s'intéressent à notre histoire pyrénéenne.

Suum cuique. — Pour l'étude de quelques-uns des articles des *Coutumes de Castelnau*, le concours des travaux et des conseils des savants pyrénéens m'a été précieux. Mes sincères remerciements à MM. Lespy, Labrouche, archiviste paléographe, Balencie, l'abbé Laffitte, l'abbé Dulac, particulièrement à ce dernier.

Castelnau-Rivière-Basse, 26 juin 1888.

A. MALARTIC.

(1) Confirmation des fors de Bigorre, 1097.
(2) Confirmation des fors de Béarn, 1088 (Marca).

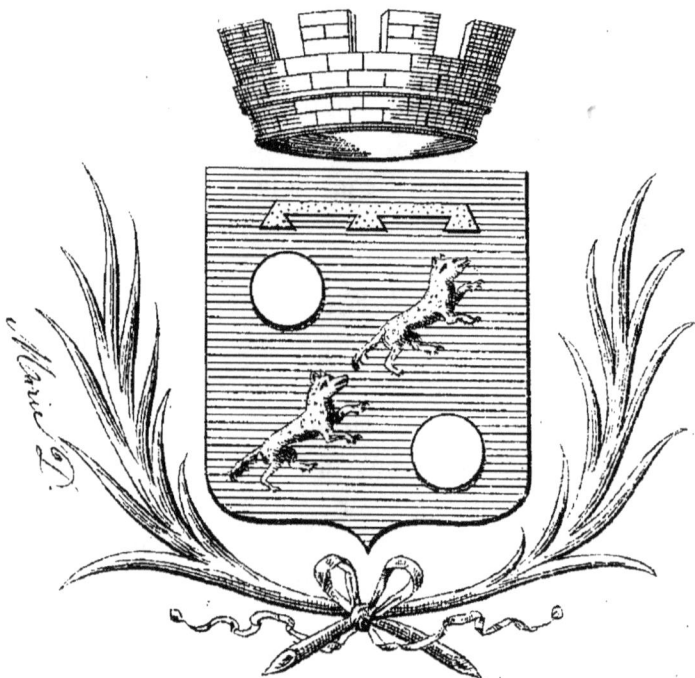

Castelnau–de–Rivière–Basse

(Hautes–Pyrénées)

ARMES

DE CASTELNAU-DE-RIVIÈRE-BASSE

D'azur, à deux besants d'argent mis en bande et deux loups passants d'or mis en barre, sommé d'un lambel à trois pendants du même.

J'ai fait relever les armes de Castelnau-Rivière-Basse à la bibliothèque nationale de France dans Léon Vaïsse, *Armorial national de France, recueil complet des armes des villes et provinces du territoire français,* 1843.

C'est d'après ce document que j'ai fourni à la ville de Castelnau-Rivière-Basse le dessin qui a servi à graver ses armes sur un de ses monuments publics : un fac-simile décore le recto de ce feuillet.

COUTUMES

DE

CASTELNAU-DE-RIVIÈRE-BASSE

LEUR CONFIRMATION EN 1309 ET EN 1598

In nomine Patris et Filii et Spiritus sancti.
Amen.

Coneguda causa sia aus presens e aux abiedors, que nos Bernad, per la gracie de Diu
conte d'Armanhac de Fezensac e de Rhodez, e
senhor de Castetnau e de tota la terra de
Ribera, de nostra propria volontat, e à la supplication e requesta e pregarias dels jurats e de

---

Au nom du Père et du Fils et du Saint-Esprit. Ainsi
soit-il.

Qu'il soit connu de tous présents et à venir que nous
Bernard, par la grâce de Dieu comte d'Armagnac, de
Fezensac et de Rodez, et seigneur de Castelnau et de toute
la terre de Rivière, de notre propre volonté et aux suppli-
cations, requête et prières des jurats et de la vesian entière

la beziau universitat de Castelnau de Ribera,
per nos e per nostes heretz natz e a neysser,
presens e abiedors, dam e autreyam e confermam los fors e las costumas aus besiis de
Castelnau dét Ribera, e à lors heretz natz e a
neyxer, presens e abiedors per totz temps. Los-
quoals fors e costumas son aquetz que aprez s'en
seguin.

I. Item, for et costume es el Castetnau d'Aribera, que lou senhor los deu jurar sober los
santz Evangelis, que het lor sera bon senhor e
dret e leyau, et los tiera e los observara los
fors et las costumes e los deffenera de totz
maux et de totas gens à son leyau poder.

---

de Castelnau-de-Rivière, pour nous et pour nos héritiers
nés et à naître, présents et à venir, donnons et octroyons
et confirmons les fors et les coutumes aux voisins de Castelnau-de-Rivière et à leurs héritiers nés et à naître, présents et à venir, et pour toujours. Lesquels fors et coutumes
sont les suivants.

I. Item, il est de for et de coutume à Castelnau-de-
Rivière que le seigneur doit jurer sur les saints Évangiles
qu'il sera bon, droit et loyal seigneur, qu'il maintiendra et
qu'il observera les fors et les coutumes, et qu'il défendra
la vesian de tous maux et de toutes gens de tout son loyal
pouvoir.

II. Item, aprez ladicta besiau lo deu jurar senhoria, que seran au senhor bons e dreiz e leyaus à lor leyau poder.

III. Item, for e costuma ez, que lo senhor deu tener en temps de guerre en la tor vada de dias e goeyta de neitz los besiis que deben tenir une goeyta en la muretta de neyt e entro au portau.

IV. Item, for e costuma [es], qu'el senhor deu far los portaus e los dabantaus deu castet e dar los ferz. Los beziis que deben far las portas de fust.

V. Item, for e costuma es, que si gens es—

II. Item, ensuite ladite vesian doit lui jurer seigneurie et promettre que les voisins seront au seigneur bons, droits et loyaux, de tout leur pouvoir.

III. Item, il est de for et de coutume que le seigneur doit tenir en temps de guerre dans la tour une garde le jour et des guetteurs la nuit. Les voisins doivent tenir de nuit des guetteurs sur la muraille et jusqu'au portail.

IV. Item, il est de for et de coutume que le seigneur doit faire les portails et les contre-portes et donner le fer. Les voisins doivent faire les portes de bois.

V. Item, il est de for et de coutume que, si des étrangers

trams entraben en la terro d'Aribera malicio-
sament, si lo senhor los vol combatre, tota la
beziau deudiit Castelnau les tenguda de seguir
per tres dias a lor metissa messioo.

VI. Item, for e costuma [es], que si nulh hom
ben à Castetnau per besii este, e sera mustrat
en besiau per besii, e aprez abera estat hun
an e hun dio sees nulhe reclamatioo, qu'el deben emparar cum à bezii, et ajudar, el senhor
defene (1).

VII. Item, for e costuma [es,] que si nulh castet se levaba, el senhor qui' fos de la senhoria

(1) Cf. Coutumes de Maubourguet, art. vi., dans G. BASCLE
DE LAGRÈZE, *Histoire du droit dans les Pyrénées.* — DEJEANNE,
traduction des Fors et coutumes de Bagnères-de-Bigorre.

---

entraient en la terre de Rivière méchamment, si le seigneur
veut les combattre, toute la vesian dudit Castelnau est
tenue de le suivre, trois jours, à ses propres frais.

VI. Item, il est de for et de coutume que, si quelqu'un
vient à Castelnau pour être voisin, s'il est présenté à la
vesian par un voisin, et s'il a été un an et un jour sans
aucune réclamation, on doit le protéger et aider comme
voisin ; le seigneur doit le défendre.

VII. Item, il est de for et de coutume que, si quelque
château se soulevait dont le seigneur fût de la seigneurie de

d'Aribera, tota la universitat lo deu seguir ab la lor metixa message, dus dias.

VIII. Item, for e costuma es, que si nulh hom bolé edificar castet sees la voluntat del senhor, ladiita universitat les tenguda de seguir tres dias a lor metixa message.

IX. Item, for e costuma es, que si nulh hom de la begaria bedaba la punhera al beguer de Maseras, e que penhereys per dret tote la universitat lo deu seguir, e lo senhor quel deu far la message (1).

(1) Maseras, Mazères, autrefois paroisse importante, dépendante de l'archiprêtré de Castelnau, annexée à Castelnau durant les guerres de religion. — Voir l'ordonnance de 1342 par monseigneur de Montbrun, évêque de Tarbes.

Rivière, toute la communauté doit suivre le [haut seigneur], deux jours, à ses propres frais.

VIII. Item, il est de for et de coutume que, si quelqu'un voulait bâtir un château sans la permission du seigneur, ladite communauté doit le suivre, trois jours, à ses propres frais.

IX. Item, il est de for et de coutume que si quelqu'un de la viguerie empêchait le viguier de Mazères d'opérer la saisie et que la saisie fût de droit, toute la communauté doit le suivre, et le seigneur en faire les frais.

X. Item, for et costuma es eldiit Castelnau,
que la universitat deudiit Castet deu tenir bendees al senhor major quan aqui biera, la una
vetz, la prumera neyt de paa et de bii, e carn,
e de sibaza, si eldiit Castet na, à coneguda dels
juratz deldiit Castet, et que deben dar etz la
garia una mesalha de Morlaas, e que paguen
a detz la sivaza aixi cum se bena au marquat
communau, si eldiit Castet es. E si per aben-
tura la portaban de defora, que deben gua-
sanhar hun dine Morlaas del cartaroo, el senhor
que deu mette penhs que mes balha à tot besii
de la biela. e lo besii que l'ac deu dar a malhe-
var per cap de mez, ab fizansa de la biela, e la
fizansa que es tenguda de pagar al cap del
mez. E si lo senhor enlauzaba la sibaza, la

X. Item, il est dé for et de coutume audit Castelnau que
la communauté dudit château est obligée de vendre au haut
seigneur, à sa première visite, la première nuit, du pain, du
vin, de la viande et de l'avoine, s'il y en a à Castelnau, et à
l'arbitre des jurats dudit Château ; qu'ils doivent, eux, donner la poule pour une maille de Morlàas, et qu'on leur paie
l'avoine, comme elle se vendra au marché communal, si le
marché est au château. Et si, par hasard, on la portait du
dehors, on doit gagner un denier morlàas par quarteron ; le
seigneur doit fournir gage de plus grande valeur à tout
voisin de la ville ; et tout voisin doit livrer à crédit jusqu'à
la fin du mois avec la caution de la ville, et la caution est
tenue de payer à la fin du mois. Et si le seigneur mettait

universitat deudit Castet no deu tenir bendees
al senhor, ne far jutyamen, ans sen deben
autrement penherar totz aquets debers que lo
senhor a en lor entro la fizansa aya paga-
ment (1).

XI. Item, for es, que quan lo senhor mayor
biera al Castet, la justicia de la vila lo deu hos-
talar, e cascun que deben arecebe en son hostau duës bestias paisemmment.

XII. Item, for e costuma es, que los jurats e
la justicia que deben cambiar totz ans, e lo sen-

---

(1) Mesalha « Idem quod obolus, seu mallia quæ est 24. pars
solidi », Du Cange, *Glossarium*, mot Mesalha ou Medalla.
Mazure, traduction des Fors de Béarn, donne à cette pièce de
cuivre la valeur de la baquette. Cf. B. de Lagrèze, *Histoire du
droit dans les Pyrénées*, p. 505. — Medalla == Maille.

---

leude sur l'avoine, la communauté dudit Château n'est pas
tenue d'en vendre au seigneur, ni de faire jugement ; mais
on en doit d'ailleurs pignorer tout ce qu'on doit au seigneur
jusqu'à ce que la caution soit payée.

XI. Item, le for est que lorsque le haut seigneur viendra
au Château, la justice de la ville doit le recevoir et chacun loger deux bêtes honnêtement en sa maison.

XII. Item, il est de for et de coutume que les jurats et la
justice soient changés tous les ans, et le seigneur doit les

hor quels deu far jurar; els juratz bielhs, que deben elegir los juratz nabetz e la justicia.

XIII. Item, for es e costuma, que si lo senhor faza nulha domana a negun besii del Castet, quen deu far dreyt en la man de la justicia, e far et suffrir jutyament : el senhor no pot tesar, ne s'en pot aperar en autra cort despeys que en la cort deldiit Castetnau sya estar jutyat; mas tot besii se pot bie aperar a la cort mayor d'Aribera.

XIV. Item, for es, si nulh besii ez clamant d'aute besii, que deben enterament fermar en man de la justicia et suffrir jutyament; e si se vol tezar, que a pot far à la cort mayor d'Aribera.

---

faire jurer; les jurats sortants doivent élire les nouveaux jurats et la justice.

XIII. Item, il est de for et de coutume que si le seigneur fait quelque demande à un voisin du Château, il doit remettre son droit aux mains de la justice, faire et accepter jugement; le seigneur ne peut la recuser ni en appeler devant une autre cour, après avoir été jugé en la cour dudit Castelnau; mais le voisin peut venir en appeler devant la cour majour de Rivière.

XIV. Item, il est de for que, si quelque voisin fait clameur contre un autre voisin, on doit auparavant cautionner en mains de la justice et accepter jugement, et, s'il veut en appeler, il peut le faire à la cour majour de Rivière.

XV. Item, donam e autreyam alz pobladors, et alz abidors e als besiis deldiit Castelnau espleyt à lors obs, e à lor bestiar, los pastenhs e las herbes e las aigas, e los camps e los bosqs, et dalh e talh passatge francamens per tota nostra terra, et per nostres locqs, per totas nostras forest, e de nostrés sosmés, e per totas nostres aiguas (1).

XVI. Item, for e costuma es, que si nulh besii contra autre besii deldit Castet tres arma iradament en la carrera deldiit Castet, si lo

(1) Cf. — Coutumes de Castera, art. 33, dans *Archives historiques de la Gascogne*, fasc. 5... « omnes possint trahere et talhare libere...»

XV. Item, donnons et octroyons aux peuplants, habitants et voisins dudit Castelnau l'usage, pour leurs besoins et pour leurs bêtes, des pâturages, des herbes, des eaux, des champs, des bois, du dail et du tail et passage en franchise par toute notre terre, par tous nos lieux, par tous nos bois et ceux de nos vassaux et par toutes nos eaux.

XVI. Item, il est de for et coutume que si quelque voisin se sert d'une arme méchamment contre son voisin dans le chemin du Château, et que si le seigneur peut le prouver

senhor ly pot probar ab jutye jurat del Castet, lo senhor y. a v sos morlaas per ley (1).

XVII. Item, for e costuma es eldiit Castet, que lo senhor no a ley en deguna causa sober besii deldiit Castet, sy om no sen clama, exceptat en plaga leyau o en homicidi.

XVIII. Item, for es, que dementre quel senhor a guerre, los besiis del Castet deben gardar e deffener la villa à lor poder et far los pontz e las barreras, e clauza la barbacana de pau, el senhor, ne hom per lui ne la deu desclauza ; e si

(1) Cf. Priviléges de Lourdes, art. 11, « possint probare... cum uno judice jurato presente, vel sine judice cum duobus aliis sufficientibus testibus Lorde. » — Juré, juge du fait aux époques primitives. Cf. Merlin, *Dictionnaire de jurisprudence*, mot Juré.

devant un juge juré du Château, le seigneur a droit à v sous morlàas d'amende.

XVII. Item, il est de for et de coutume audit Château que le seigneur n'a droit à aucune amende dans une cause contre un voisin du Château, s'il n'y a clameur, excepté au cas de plaie majeure ou d'homicide.

XVIII. Item, il est de for que, pendant que le seigneur est à la guerre, les voisins doivent garder et défendre la ville de tout leur pouvoir, faire les ponts et les barrières et fermer la barbacane de pieux. Le seigneur ni personne

a fazé, que la deu far clausa à son cost e à sa mession.

XIX. Item, for es que si degun besii del Castel desclauze la barbacana, qu'en proat seré la garda dels jurats de la villa, lo senhor y a cinq sos per ley.

XX. Item, for es que si per failhence deus ponts lo senhor, ne nulha personna, perde bestia, la besiau la deu esmendar; e si lo pont era foradat, e que per aquet forat se perde bestia, lo porter lo deu esmendar per esguard dels juratz (1).

(1) lo porter, le portier. Cf. Coutumes de Castera, art. 21, dans *Archives historiques de la Gascogne*, fasc. 5.

---

pour lui ne doit l'ouvrir, et, s'il le fait, il doit la faire fermer à ses frais et dépens.

XIX. Item, il est de for que, si quelque voisin du Château ouvre la barbacane, et que la preuve en soit faite par-devant les jurats de la ville, le seigneur a droit à cinq sous d'amende.

XX. Item, il est de for que, si, faute de ponts, le seigneur ou toute autre personne perd une bête, la vesian doit les indemniser. Et si le pont existant était troué et que, par ce trou, une bête vint à se perdre, le portier doit indemnité à l'arbitre des jurats.

XXI. — Item, for es, que tot besi pot bene e cridar son bii a taret cum se bolera, e quel deu far cridar al messager del senhor, qu'en deu aber mesalha per cridar, ho mesalhada de bii (1).

XXII. Item, for es, que lo senhor ab los juratz pot gardar las mesuras del bii, et si las troba faussas, que deu este encors lo bii del dosil on se vena en sus; e si aquet quel bii benera coneix que la mesura bengan gardar sy la pot podar quetz no la tenguen, no es tengut en ley (2).

(1) Cf. Ordonnance de 1680, 8, sur le droit de Banvin. — mesalhada de bii. Du CANGE, *Glossarium* : « Mesalata, Mensura vinaria pretii unius Mesalhæ. »

(2) Vi adosilhad, vin en perce. — Cf. Coutumes de Larrazet dans *Archives historiques de la Gascogne*, fasc. 5, « vinum de

---

XXI. Item, il est de for que tout voisin peut vendre et faire crier son vin à pinte comme il voudra, et qu'il doit le faire crier par le messager du seigneur qui doit en avoir maille ou vin de cette valeur.

XXII. Item, il est de for que le seigneur avec les jurats peut surveiller les mesures du vin, et, s'il les trouve fausses, on doit confisquer le vin du tonneau depuis l'endroit où il coule jusques en haut, et, si celui qui vendra son vin reconnaît que ceux chargés de surveiller la mesure ne l'ont pas eux-mêmes, il n'est pas tenu à l'amende.

XXIII. Item, for es, que si hom metté aiga el bii despuxs que fos cridat, lo senhor y a cinq sos per ley, laque proat fos per esguard des jurats.

XXIV. Item, for es, que la pancoussere deu gasanhar el cartaroo del froment, dus dinés, el bren e larbarit (1).

XXV. Item, for es que lo carnacier deu gasanhar de tota carn el sors hun diné, el

ipso dolio.» — Coutumes d'Auch, dans l'abbé J. J. MONLEZUN, *Histoire de la Gascogne*, t. VI, p. 68. « amittat vinum a clepsedra seu canela per quam exit vinum de dolio, supra quod vinum applicatur dominis. » —- Dosil, bas latin, *ducilis, duciculus*, signifie perce, fausset. Il faudrait traduire littéralement : « depuis la perce où il (le vin) coule jusques en haut. » Cf. Frédéric MISTRAL, *Lou tresor dou felibrige*, mot Dousi. — Adousiha, adousilha, roman, adozilhar, vieux français doisiller, mettre en perce, tirer le fausset.

XXIII. Item, il est de for que, si quelqu'un met de l'eau dans le vin après la criée, le seigneur a droit à cinq sous d'amende; la preuve en sera faite par-devant les jurats.

XXIV. Item, il est dé for que la boulangère doit gagner pour un quarteron de froment deux deniers, le son, et la recoupe.

XXV. Item, il est de for que le boucher doit gagner de toute viande du sol un denier; du ventre la graisse, qu'il

ventre el sagi, el que no deu bene carn de troja,
ne ab alep en son banc, que no a fassa assaber,
e si no a fazé, pagara cinq sos per ley, e que
nulh temps no fes carn en la vila, si non s'en
podor far bon per esgard elz juratz (1).

XXVI. Item, for es, que tot besi de venda
cridada à tot autre besii deu bene e cargar
sober es q[ua]l ters de balha mes, e que deu he
lo pées xv. dias que no lac deu expleytar; e si
a fazé ne clamar s'en bol aquet de qui sera lo
pees, lo senhor y a cinq sos per ley. Mas al cap

(1) ab alep, avec avarie. Cf. Coutumes d'Auch, dans l'abbé
J. J. Monlezun, *Histoire de la Gascogne*, t. VI, p. 69, « carnes
leprosas, de mala morte ». — Coutumes d'Aure, ibid., p. 60,
« que no sian infecidas ». — Coutumes de Sᵗᵉ-Gemme, ibid.,
p. 274. — Ordonnance du Grand Duc de Toscane, Bruxelles,
1781, Les Boucheries de la mala carne.

---

ne doit pas vendre à son banc viande de truie ou avec
avarie, sans le faire connaître, — s'il ne le fait, il paiera
cinq sous d'amende, — et que, en aucun temps, il ne
tienne boucherie dans la ville sans pouvoir en répondre
par-devant les jurats.

XXVI. Item, il est de for que tout voisin, dans une
vente pour une marchandise criée, doit vendre à tout
autre voisin, à la charge par ce dernier d'en donner un
tiers de plus, et qu'il doit établir le poids quinze jours
avant dè lui délivrer la marchandise; que, s'il ne le fait
pas et si l'intéressé au poids ne veut pas réclamer, le

dels xv. dias que lac soba, e sinc que s'en pot
far so bee qu'en se bolha so[i]og lo pees mustre
aule ho bon, ho que la pot bene, e si mes n'abé
que het no y abere lo plus deu arende, e si mes
het lo deu satisfar, mas het lo deu dize que
bene lo ba (1).

XXVII. Item, for es, que si a negun besii del
Castet fazé arrés tort ni forsa, los besiis deben
aquet requerir quel fasse dret per esgard dels
jurats del Castet, e si far no ac bolé, tota la

---

(1) soog porte l'abréviation 9 sur le premier o. Cf. Frédéric
MISTRAL, *Lou tresor dou felibrige*, mot Soio (soit, n'importe).

q[ua]l est écrit ql avec l'abrévation 9 sur q. La forme du texte
s'interprète par « qu'il » dans L.-Alph. CHASSANT, *Dictionnaire
des abrévations*, p. 136.

Soba, qu'il paie. Roman, solvre, solver; latin, *solvere*, payer.
Cf. Frédéric MISTRAL, *Lou tresor dou felibrige*, mot Sobe.

---

seigneur y a cinq sous d'amende; mais, au bout des
quinze jours, que l'acheteur lui paie la marchandise, sans
que qui ce soit puisse en faire son bien, n'importe le bon
ou le mauvais poids, et qu'il la peut vendre; s'il en retire
plus que le vendeur n'en retira, qu'il remette le surplus, et,
si le vendeur en retire davantage, qu'il le refasse, mais
qu'il l'avertisse qu'il va la vendre.

XXVII. Item, il est de for que, si à quelque voisin du
Château quelqu'un fait tort ou violence, les voisins doivent
requérir celui-ci d'avoir à faire droit à l'arbitre des jurats
du Château, et, s'il ne veut le faire, toute la communauté

universitat del Castet lo deu ajudar, e valer e deffene tòtz temps, e deffene e seguir per tots locs entro que dret lo sie pres, el dam e la bergonha emendade.

XXVIII. Item, for e còstuma es eldiit Castet, e nos ac dam, e quels ac autreyam que la besiau deudit Castetnau nos es tengude de dar en nulh temps, ne en nulha querida al senhor ne autre, si no que la cort–major d'Aribera ab lor conseilh, car etz son couz a uns deus de la cort–major (1).

XXIX. Item, for e costuma es, que nulh

(1) Conseilh, conseil. Cf. Comptes consulaires de la ville de Riscle, dans *Archives historiques de la Gascogne*, « que los cossos deu dic loc ab lo conselh ».

---

doit aider, protéger, et défendre toujours le voisin, le soutenir et le suivre en tous lieux jusqu'à ce que justice lui soit rendue, le dommage et l'affront réparés.

XXVIII. Item, il est de for et de coutume audit Château, nous le donnons et nous l'octroyons, que la vesian dudit Castelnau n'est tenue de faire des dons, en aucun temps, ni sur aucune demande, au seigneur ou autre, si ce n'est la cour majour de Rivière avec les conseillers, car ils sont chacun de la cour majour.

XXIX. Item, il est de for et de coutume qu'aucun voisin

besii de Castelnau d'Aribera no deu dar ne pagar peatge ne leuda en tot la contat de Begorra de neguna causa.

XXX. Item, for e costuma es, quel senhor no deu far forssa à nulh besii de Castetnau, si a dret pot fermar per estar à esgarda de cort ; si no pot fermar, que deu jurar que no pot aber fermansses, el senhor que lo deu prene e quel deu mustrar sas causas a garda dels juratz, entro la causa sia devezida, e que deu aber vita ab tota sa companha ; e si arrés y arriva, si que no mustras ester en la mercé del senhor (1).

(1) Sens douteux.

---

de Castelnau-de-Rivière ne doit payer péage ni leude d'aucune sorte dans tout le comté de Bigorre.

XXX. Item, il est de for et de coutume que le seigneur ne doit faire violence à aucun voisin de Castelnau, s'il peut cautionner son droit pour plaider devant la cour ; et, s'il ne peut cautionner, il doit jurer qu'il ne peut trouver de cautions. Le seigneur doit le prendre et prouver son dire par-devant les jurats : jusqu'à ce que la cause soit jugée, il doit avoir sa subsistance, lui et toute sa famille, et, si, sans nul incident, a lieu la preuve, être à la merci du seigneur.

XXXI. Item , for es el dict Castet qu'el senhor ne autra persona no deu mettre en la villa nulha persona . qu'enjuria ne tort aya feit à negun besii de la villa de gambet, ho de plaga, e de mort, ho de toda mainfort, si no que ac fez ab voluntat de quet, qui dam auré prez e dels juratz del Castet.

XXXII. Item, for es que si nulh besii se bolé partir deldiit Castet, que deu aber dia del senhor per xv. dias, per portar e per trezer sas causas. El senhor quel deu guisar per tot son poder.

XXXIII. Item, for es quel senhor ne autra persona no deu penherar draps de lheyt, ne

---

XXXI, Item, il est de'for que le seigneur ni autre ne peut mettre dans la ville aucune personne qui ait fait à un voisin de la ville, tort ou injure par coups, blessure, mort ou toute autre violence, à moins que ce ne soit avec le consentement de celui qui aurait souffert le dommage et des jurats du Château.

XXXII. Item, il est de for que si quelque voisin veut quitter la ville, il doit obtenir du seigneur un délai de quinze jours pour enlever et porter ses effets; le seigneur doit le guider de tout son pouvoir.

XXXIII. Item, il est de for que le seigneur ni aucune autre personne ne doit saisir les draps de lit ni les vête-

arauba à negun besii deldit Castet per embarc ne per nulha cauza (1).

XXXIV. Item, for e costuma es que lo senhor no deu prene ne liar nulh besii del Castelnau si dret pot formar per nulha causa, si no que l'agous trobat furt en maa, ho raubado manifest de camin , ho atau cas agos feyt , que pene corporau y cabos. E si lo senhor na bolhé dar à malebar, la besiau s'en deu artier totz aquets debers que al senhor

---

(1) draps de lheyt, ne arauba, les draps de lit ni les vêtements. Cf. Coutumes d'Aure, dans l'abbé J. J. MONLEZUN, *Histoire de la Gascogne*, t. VI, p. 58, « raubes bestidures, ni raubes de leit ». — Coutumes de Maubourguet, art. XXVI, dans G. BASCLE DE LAGRÈZE, *Histoire du droit dans les Pyrénées*. — Notre Code de procédure civile, art. 592.

---

ments à aucun voisin du Château, pour cause de dettes ou toute autre.

XXXIV. Item, il est de for et de coutume que le seigneur ne doit prendre ni lier aucun voisin de Castelnau, s'il peut faire droit en justice, pour aucune affaire, à moins qu'il n'ait été surpris en flagrant délit de vol, qu'il ne soit voleur de grand chemin, ou qu'il ne se soit mis dans un cas tel qu'il soit passible de peine corporelle et capitale; et, si le seigneur ne veut pas accorder mainlevée, la vesian doit refuser tous les droits dont elle est obligée de s'acquitter

deben far entro que la senhor lo deu amalhe-
bar lo besii (1).

XXXV. Item, for es, que si la companha del
senhor a batalha ab nulh besii de Castelnau
sé lo fé plaga leyau, qu'en deu lo senhor pagar al plagat CL. sos morlaas per clama, e per
parontau v. dines morlaas.

XXXVI. Item, for es que tot besii del Castet
pot mettre tot home el Castet, si dret vol fermar al senhor, si no que tort mafort agos feyt
a besii o al senhor del Castet.

---

(1) « Furtorum genera duo sunt : manifestum et nec manifestum » (Digeste, GAIUS).

---

envers le seigneur, jusqu'à ce que le seigneur accorde
mainlevée au voisin.

XXXV. Item, il est de for que, si les gens du seigneur
se battent avec quelque voisin de Castelnau, et lui font
plaie majeure, le seigneur doit payer au blessé sur sa
plainte CL sous morlàas et pour contusion v deniers morlàas.

XXXVI. Item, il est de for que tout voisin peut mettre
tout homme au Château, s'il veut en répondre au seigneur,
à moins que cet homme n'ait fait préjudice ou violence à
quelque voisin ou au seigneur du Château.

XXXVII. Item, for es, que si nulh besii a contesta ab autre besii, si l'occit, que deu gessir del Castet et de la vila per tot temps, que no deu entrar dedens los decx, si no que ac fez ab volontat del senhor, e dels juratz e de la besiau. El senhor ne la besiau no deben far far los amicz, et si ferma, que deu dar al senhor xv. sos per ley, a la justicia v. sos, à l'heret deu mort ccc. sos per tres mais, et quels gardes dels amicz, e si no ferma, que deu esser sus lo mort (1).

(1) amicz, réconciliation. Cf. Frédéric MISTRAL, *Lou tresor dou felibrige*, mot Ami : « *faire ami, fa amics* (languedocien), se tendre la main en signe d'amitié, se réconcilier. »

que deu esser sus lo mort, il doit être enseveli sous le mort. Cf. DEJEANNE, traduction des Fors et coutumes de Bagnères-de-Bigorre, art. 27 : « son cos q[u]e deu ester metut sotz lo mort. »

XXXVII. Item, il est de for que, si un voisin a contestation avec un autre voisin, au cas qu'il le tue, il doit sortir du Château et de la ville pour toujours, qu'il ne doit rentrer dans leur enceinte, à moins qu'il ne le fasse avec la volonté du seigneur, des jurats et de la vesian. Le seigneur ni la vesian ne doivent procurer la réconciliation ; que, si le meurtrier cautionne, il doit donner au seigneur xv sous, et à la justice v sous, à l'héritier du mort ccc sous, dans le délai de trois mois, et se garder de la réconciliation ; et, s'il ne cautionne pas, il doit être enseveli sous le mort.

XXXVIII. Item, for es, quel senhor quan ha leyt el Castet, que deu aber de ley simple tres sos et iiij. dinés de la justicia xx. dinés, de plaga leyau lo senhor y a LX. sos, e de la justicia v. sos, el plagat CL. sos.

XXXIX. Item, for e costuma es, e nos quels ac dam, que si los besiis de Castelnau tots o en partida, seguien a ban ab lo senhor o ab los bailes, o ab los messatgers, penherar ne neguan aré far, lo senhor los es tengut de portar guio en sa terra, et los deu aboar tot so que aqui sera estat feyt per mandament del senhor, que no deben esser tengutz al senhor ne a partida.

XXXVIII. Item, il est de for que, lorsque le seigneur tient lit de justice au Château, il doit avoir d'une amende simple III sous IV deniers, pour la justice xx deniers; de plaie majeure le seigneur y a LX sous, et pour la justice v sous, le blessé CL sous.

XXXIX. Item, il est de for et de coutume, et nous le donnons, que, si les voisins de Castelnau, tous ou en partie, marchent ou vont avec le seigneur ou avec ses bayles, ou avec les messagers pour saisir, ne refusant de rien faire, le seigneur est tenu de porter bannière en sa terre, et il doit reconnaître tout ce qui aura été fait par son ordre, n'en étant responsables ni vis-à-vis du seigneur ni vis-à-vis de la partie.

XL. Item, for et costuma eldiit Castet, qui a
boueus que deu dar al porter hun cester de
milh à la mesura communau, e qui no ha
qu'un boëu, qu'en deu dar ung diné, e qui
no a boëus e que aye rossis, quel deu dar
hun diné, e tot home de paratge quel deu
dar dinés de cada carga de lenha hun tizon, de
car sinz tizon, e que deu aber de tota baqua o
de carnau si s'esgarra lo cap eus pees; e de tot
home qui no sia besi, si met blat en Castet,
que deu dar al porté de xxx. quarteroos hun,
de qui en sus no es tengut de dar plus, e tot
pres que la senhor agos prees, ho besii deu
Castet, que l'agos prez, lo porter los ac deu

XL. Item, il est de for et de coutume audit Château
que celui qui a bœufs doit au portier un setier de millet
selon la mesure communale; celui qui n'a qu'un bœuf doit
donner un denier; celui qui n'a pas de bœuf et qui a un
cheval doit donner un denier; et tout homme de parage
doit payer de chaque charge de bois de chauffage une bû-
chè, d'un char cinq bûches; il doit avoir de toute vache
ou de toute bête, si elle est écorchée, la tête et les pieds;
de tout homme qui n'a pas la qualité de voisin, portant du
blé au Château, le portier a de trente quarterons un; au-
dessus, il n'est pas tenu de donner davantage. Tout pri-
sonnier, que le seigneur ou un voisin l'ait arrêté, le portier
doit le garder une nuit, si on le lui livre, et le lendemain
matin, il le remet au seigneur.

garda una neyt si l'ac livran, e lendematy qu'en livra al senhor (1).

XLI. Item, for es eldiit Castet, e nos qu'els ac dam, que tot home qui prees es, si entre dedens lo borolh de la porte, y a son dreyt. Si es baro, quel deu dar detz sos morlaas al porter, e al torrer, x. sos. E si es home de paratge, ho borgés, iiij. dinés au torrer.

XLII. Item, for es, que totas betz quel senhor major entra al Castetnau, la prumera neyt lo porter deu prene messio de despenx, à *matin* caber totas las festas annaux lo porter deu minyar

(1) porter, portier. Les coutumes qui parlent du porter, portier, *porterius*, sont très-rares. Cf. Coutumes de Castera, art. 20, dans *Archives historiques de la Gascogne*, fasc. 5.

XLI. Item, il est de for audit Château, et nous le donnons, que tout homme qui est arrêté, s'il passe le verrou de la porte, tombe sous la juridiction du Château. Est-il baron, il doit donner x sous morlàas au portier et x sous au tourier; est-il homme de parage ou bourgeois, ıv deniers au tourier.

XLII. Item, il est de for que, chaque fois que le haut seigneur vient à Castelnau, le portier, la première nuit, doit prendre la charge de la dépense. Depuis le matin caber, toutes les grandes fêtes, le portier doit manger chez le

ab lo senhor si abé tres dias, la vespre, e la festa e lendoma, e tant cum lo senhor minyara el deu garda la porta ; e si bayssera de fust s'en perd, het lo deu esmendar ; e per razon daquestas causas lo porter deu gardar del soreilh coquan entro au lebant, en maneyre que degun no y pusqua bié la neyt el senhor ny à la besiau. E lo maty quan sie dies lo senhor deu thié bada sus la tor, e lo dia goëyta el Castet (1).

(1) à *matin* caber, depuis le *matin* caber. Jean-Baptiste LARCHER a souligné *matin*, comme si le copiste n'était pas sûr de sa lecture. Peut-être, en effet, l'original portait-il « dimanche. » Sur « caber », voir « Dimanché cabè », *Dominica in Capite Quadragesimæ*, Dimanche gras, dans *Revue catholique*, t. XVII, p. 93 (note de l'abbé Joseph DULAC). Cf. Jean-Baptiste LARCHER, *Dictionnaire historique*, mot Bigorre.

lo porter deu gardar del soreilh coquan entro au lebant, le portier doit garder du soleil couchant jusqu'au soleil levant. Cf. Coutumes de Castera, dans *Archives historiques de la Gascogne,* fasc. 5 : « Porterii de Castellario debent omnes portas Castelli firmiter custodire et servare ex sole colcuant usque ad solem levant. »

seigneur, s'il y a trois jours, la veille, la fête, et le lendemain, et, tant que le seigneur mangera, il doit garder la porte ; et, s'il se perd de la vaisselle de bois, il doit indemniser le seigneur ; et, pour ces motifs, le portier doit garder du soleil couchant jusqu'au soleil levant, de manière que personne ne puisse venir la nuit chez le seigneur ou à la vesian, et le matin, quand il fait jour, le seigneur doit mettre garde sur la tour et le jour guetteurs au Château.

XLIII. Item, for es, quel senhor no approba en nulha causa sober nulh besi del Castet, que ac aguoss vist e auzit ho per enquesta del senhor ab los juratz.

XLIV. Item, for es eldiit Castet, que de tota domana qu'el senhor o autra persona fes à tot besii deu Castelnau, que prumer s'en deu intrar per ladite cort deudiit Castetnau qu'al cas que fos ho feyt agos e de qui qu'es pot apera à la cort mayor d'Aribera, e asso ainxi se uze en la cort major de Arribera.

XLV. Item, for es, que si lo senhor domana à tota la universitat de Castetnau e a la cort mayor d'Aribera s'en deben jutyar.

XLIII. Item, il est de for que le seignenr ne juge en aucune cause sur un voisin du Château, qu'il n'ait vu et entendu, ou après enquête du seigneur avec les jurats.

XLIV. Item, il est de for audit Château que toute demande que le seigneur ou toute autre personne fait à tout voisin de Castelnau, doit être premièrement portée devant la cour dudit Castelnau, quel que soit le cas dont il s'agisse, ou qui ait été suscité. On peut de là en appeler à la cour majour de Rivière; et l'affaire se termine en la cour majour de Rivière.

XLV. Item, il est de for que, si le seigneur fait une demande à la communauté de Castelnau, c'est à la cour majour de Rivière d'en connaître.

XLVI. Item, for es que si nulh home estram accabat, debara a besii de Castetnau en la carrera, que à nulh [per deute] no sia punherat, e si la bestiau es en l'ostau de nulh besii per nulh deute no deu treze la bestia entro que sia estat conegut per juratz de la villa (1).

XLVII. Item, for es que de tota terra ques bena el senhor, la deu hom preparar de quis ten, et si la vol, que la pot aber per atant qu'un autre, et aqui metix deu dise si la bol o no, e de

(1) si nulh home estram, si quelque étranger. Cf. Priviléges de Lourdes, art. xi, dans G. BASCLE DE LAGRÈZE, *Histoire du droit dans les Pyrénées :* « si aliquis homo veniret eques Lordam in carreria ob reverentia alicujus hominis vel femine Lorde, tantum quantum moram feceret secum in carreria per aliquem non pignoretur. » — DEJEANNE, traduction des Fors et coutumes de Bagnères-de-Bigorre, art. 13.

XLVI. Item, il est de for que si quelque étranger à cheval descend devant un voisin de Castelnau dans le chemin (pour cause de dette), il ne soit pas pignoré, et, si la bête est chez quelque voisin pour quelque dette, il ne peut emmener la bête jusqu'à ce qu'il sera statué par les jurats de la ville.

XLVII. Item, il est de for que de toute terre à vendre, le tenancier doit donner la préférence au seigneur, et, s'il la veut, il peut l'avoir au même prix qu'un autre; qu'il dise, sans délai, s'il la veut ou non; après quoi, le voisin peut

qui en là lo besy la pot bene à qui se bolha ab lor capsos que pague del sol hun diné al senhor (1).

XLVIII. Item, for es que tot home quis poble à Castetnau noueramens, deu este franc del senhor e de la besiau an e dia de talha.

XLIX. Item, for es e nos quel ac dam, que totas lors terras e lors pocessions lasquales tenen, poscan ameliorar en totas causas, saub lo fiu al senhor.

L. Item, for es que la justicia deldiit Castet

(1) Retrait féodal.

---

la vendre à qui il voudra, sous le paiement du capsoos du denier par sou au seigneur.

XLVIII. Item, il est de for que tout homme qui se fixe nouvellement à Castelnau doit être, un an et un jour, exempt de la taille vis-à-vis du seigneur et de la vesian.

XLIX. Item, il est de for, et nous l'accordons, que les tenanciers pourront améliorer, en toutes choses, leurs terres et possessions sous la réserve du fief au seigneur.

L. Item, il est de for que la justice dudit Château doit

deu estre franca de tota don de senhor e de besiau si no ere mi balhanur del Castet (1).

LI. Item, for es, que si besii del Castetnau abe fermada batalha ab nulh hom d'Aribera, si s'en vol estrenher, que a pot far totas betz qu'es bolha, entro que la batalha fos jutyada ab LX. sos per ley cadahun al senhor.

LII. Item, for es, que si nulh besii se plaga en molii ne en forn per contenta de mole, o de coze, no deu dar ley. Mas si autra persona

(1) mi balhannur, un bail. Les deux mots du texte ont été sans doute mal transcrits. A quoi les ramener? peut-être à « un balhamen, bail. » Cf. BESCHERELLE, *Dictionnaire national*, mot Baillement : « Nos pères employaient ce mot pour *bail,* action de donner à ferme. »

être affranchie de tout don au seigneur et à la vesian, à moins qu'elle ne fût un bail du Château.

LI. Item, il est de for que si un voisin de Càstelnau avait cautionné bataille, avec quelque homme de Rivière, au cas qu'il s'en veuille démettre, il peut le faire toutes les fois qu'il désirera jusqu'au jugement de la bataille, avec LX sous chacun d'amende pour le seigneur.

LII. Item, il est de for que si quelque voisin est blessé au moulin ou au four pour quelque contestation sur la mouture ou la cuisson, il ne doit pas d'amende; mais si

n'entrava deffora per arrentar si fé plaga leyau,
la senhor y a lx. sos per ley, e per la justicia
v. sos.

LIII. Item, for es, que si nulh besii daba
assaut à la maysoo de son besii e per forssa l'y
entraba, si lo senhor de la maison ne fassé clam
que sera proat per garda dels juratz, lo senhor
de la maison y a en cada persona xviii. sos per
ley, el senhor mayor lx. sos en cadahun; e si
lo senhor de la maison se metix ne sa companha se deffene de dedens l'hostau e fasé
plaga, ne dobe autre dampnage, no es tengut
de res al senhor ne à partida.

LIV. Item, for es que si nulh besii abé mort

---

quelque autre personne, venant du dehors au secours, fait
plaie majeure, le seigneur a droit à lx sous d'amende et à
v sous pour la justice.

LIII. Item, il est de for que si quelque voisin attaquait la
maison de son voisin et y entrait par violence, à supposer
que le maître de la maison ne fasse pas clameur, la preuve
en sera faite par devant les jurats. Le maître de la maison,
pour chaque personne, a droit à xviii sous d'amende, le
haut seigneur a lx sous de chacun, et, si le maître de la
maison se défend lui-même avec ses gens de l'intérieur de
la maison et fait plaie, il ne doit aucun dommage; il n'est
tenu de rien ni envers le seigneur ni envers la partie.

LIV. Item, il est de for que, si quelque voisin tue un au-

autre besii, e que par son orgulh, o de amics,
o de aber sarmasse en la villa, per cada neyt
y a lo senhor LX. sos per ley e per justicia v.
sos : e si autre larquehé en son hostau, en
aquet lo senhor a LX. sos per cada neyt (1).

LV. Item for es, e nos quels ac dam e quels
ac autreyam, quels besiis de Castetnau puscan
probar ab lor metix totas lors terras e lors pocessions, e lors heretatz, e lors termes et lors decxs.

---

(1) aber, autres. Cf. Coutumes de Maubourguet, art. xxx, dans
G. BASCLE DE LAGRÈZE, *Histoire du droit dans les Pyrénées* :
« si autres l'emparave ». Avec « aber », pas de sens acceptable :
il est à supposer que l'original portait « aues » (Voir le fac-simile
dans L.-Alph. CHASSANT, *Dictionnaire des abréviations*, p. 124).
On conçoit la méprise du copiste sur l'abréviation qui doit se
lire, non pas « aber », d'après son facies, mais « autres », en
réalité, comme le prouve, d'ailleurs, le passage analogue des
Coutumes de Maubourguet.

La rébellion se comptait par nuits.

---

tre voisin et, par bravade, à lui, ou de ses amis, ou d'autres,
reste dans la ville, pour chaque nuit, le seigneur a droit
à LX sous d'amende et v sous pour la justice; et, si un
autre l'accueillait dans sa maison, sur celui-là, le seigneur
a droit à LX sous par chaque nuit.

LV. Item, il est de for, et le leur donnons et nous leur
octroyons, que les voisins de Castelnau pourront établir par
eux-mêmes toutes leurs terres, et leurs possessions, et leurs
héritages, et leurs bornes et leurs limites.

LVI. Item for e costuma es, e nos quels ac dam a tot besii estatjant à Castelnau puscan cassar e pescar ab de lor profieyt (1).

LVII. Item, for es, e nos quels ac dam, que nul besii no sia tengut de anar en ost nulh temps, exceptat lo cas dessus diit.

LVIII. Item, for es, que la cort de Castetnau se deu manaa per tres dies o per nau dias. E si besii del Castet y es manaat per clam, si falh al prumer man, lo senhor y a iii. sos e iiii. dinés per ley e par justicia xx. dinés : e si falh al

---

(1) Grande immunité accordée. Cf. Ordonnance de 1669, et aussi Ordonnance d'Henri IV, juillet 1607, art. 7. Il était même défendu par cette Ordonnance aux laboureurs d'avoir des chiens, s'ils n'avaient le jarret coupé.

LVI. Item, il de for et de coutume et nous l'accordons, que tout voisin à Castelnau puisse chasser et pêcher à son profit.

LVII. Item, il est de for, et nous l'accordons, que nul voisin ne sera tenu d'aller à la guerre en aucun temps, excepté dans le cas ci-dessus dit.

LVIII. Item, il est de for qu'on doit assigner devant la cour de Castelnau à trois jours ou à neuf jours. Si le voisin du Château, appelé par clameur, fait défaut à la première assignation, le seigneur a droit à iv sous iii deniers

segond man per la metixa causa, paga la ley,
e si falh al tres mans, lo senhor y a LX. sos per
ley e per justicia v. sos. El besii quan es man-
dat à tort, deu aber dia deu soreih levant entro
au coquan (1).

LIX. Item, for es, que de frutz de terra ni de
cap d'home, no se de hom jutyar per baile, ne
en sa maa, si no per dabant la senhor mayor,
a per aute que lo senhor ac agos comés quan
fos absent (2).

(1) manaa, assigner. — Manire, man, mannitio = vocare in
jus, vocatio in jus. Cf. Ordonnance de 1498, Code de 1667,
et *Grande encyclopédie du XIXe siècle*, mot Assignation.

Clam, claméur = haro, haropant. Cf. *Grande encyclopédie
du XIXe siècle*, mot Assignation.

(2) frutz, lisez fonds. — « de fundo vel capite », dans plusieurs
chartes.

---

d'amende et à xx deniers pour la justice ; s'il fait défaut
à la deuxième assignation pour la même affaire, il paie
l'amende ; et, s'il fait défaut à la troisième assignation, le
seigneur a droit à LX sous d'amende et à v sous pour la
justice. Le voisin est-il assigné à tort, il doit avoir délai
du soleil levant au soleil couchant.

LIX. Item, il est de for que sur fonds de terre ou qualité
de personne il ne peut être jugé par le bayle ni en sa main,
mais par-devant le haut seigneur ou par autre personne
qu'il en aura chargée pendant son absence.

LX. Item for es, que las attentatz e las pa-
doenssas que nos abem dadas e confirmadas
auz besiis deudiit Castetnau aixi cum dessus
part es diit, entenan a dize per tot atant cum
es dedens los termes de la terra d'Aribera, e totz
nostrés sosmés, e asso estar e ybern e totz temps
de l'an.

LXI. Item, e nos suberdiit Bernad, conte
d'Armanhac, bolem et autrayam, que totz autres domanas et querelhas, que fussan o venir
podessan alz besiis o besias del Castetnau, que
assi no sian escriutas ne specificadas, que sian
jutyat e conegut per los juratz del Castetnau.
E nos dabantdiit Bernad, conte, totas aquestas
causas dessus-ditas confermam e autreyam ; e
bolem que ayan fermessa e valor per totz temps ;

LX. Item, il est de for que les droits d'accès et de dépais-
sance que nous avons donnés et confirmés aux voisins dudit Castelnau, comme il est dit ci-dessus, nous entendons
les étendre à tout ce qui est dans les limites de la terre de
Rivière et de tous nos vassaux, et ce, l'été, l'hiver et toute
l'année.

LXI. Item, et nous susdit Bernard, comte d'Armagnac,
voulons et octroyons que tous autres procès et demandes
que fassent ou puissent faire les voisins au voisines de Castelnau, non ici écrits ou spécifiés, soient jugés et connus
par les jurats de Castelnau. Et nous susdit Bernard, comte,
toutes les choses dites ci-dessus, nous les confirmons et

e que per assy ac tengant e que ag abem jurat
sus los quoate santz Evangelis de Diu tocats
e baisatz corporalament. E per mayor fermessa,
nos abem sagerada la present carta de nostre
propri saget enpendent.

Dassa son testimonis mossen N'Amaniu, per
la gracia de Diu arcebesque d'Aux; mossen En
Rotgé d'Armanhac, arcediaque mayor d'Agen;
mossen N'Arnaut de Barbasaa, Titbaud de
Peyrussa, Bernad de Pardeilhan, mossen N'Arnaud de Sent Grieda mossen En Johan de
Fagedet, mossen En Fortané de Gotz, mossen
En Johan de Lafitola, juratz de la cort mayor
d'Aribera, En Pelegri de Genos, abat de Tasca,
mossen En Galhard, prior. E jo, Bernad David,

---

les octroyons : nous voulons qu'elles aient force et valeur
en tout temps. Nous l'avons juré sur les quatre saints
Évangiles de Dieu touchés et baisés corporellement, et, pour
plus de force, nous avons scellé la présente charte de notre
propre sceau pendant.

De ceci sont témoins : monseigneur N'Amanieu, par la
grâce de Dieu archevêque d'Auch, monseigneur Roger
d'Armagnac, grand archidiacre d'Agen, monseigneur
Arnaud de Barbasan, Thibaud de Peyrusse, Bernard de
Pardeilhan, monseigneur N'Arnaud de Saint-Griède, monseigneur Jean de Fagedet, monseigneur Fortané de Gouts,
monseigneur Jean de Lafitole, jurats de la cour majour de
Rivière, Peregin de Génos, abbé de Tasque, Galhard,
prieur.

public notari de de Castetnau e de tota la
terra d'Aribera, qui ab voluntat e ab autrey
deldiit mossenhor Bernad, conte d'Armagnac,
e de tota la beziau de Castetnau, aquesté carte
retengu e y pausé mon senhau acostumat.

Asso fo feyt al Castetnau d'Aribera, lo 6°.
jorn del mes de nobembre, anno Domini
M°. CCC°. IX°, senhoreyant en la terra d'Aribera lo sobredit Bernad, conte d'Armanhac.

Le 25. novembre 1489. Jean de Clarac notaire
royal, habitant de Castelnau, collationa le susdit acte. Il y en avoit deux extraits dans les
archives de Lectoure, l'un en une peau de parchemin, et l'autre en huit feuillets de papier
expedié à Lectoure le 6. mai 1598. par le VENIER
DU JUAN et MARCELLY, gardes des dites archives.

Et moi Bernard David, notaire public de Castelnau et de
toute la terre de Rivière, par la volonté et l'autorité de monseigneur Bernard, comte d'Armagnac, et de toute la vesian
de Castelnau, ai retenu la présente charte et y apposé mon
seing accoutumé.

Ceci fut fait à Castelnau-de-Rivière le 6ᵉ jour du mois de
movembre l'an du Seigneur 1309, seigneuriant en la terre
de Rivière le susdit Bernard, comte d'Armagnac.

Henri, par la grace de Dieu, roi de France et de Navarre, comte d'Armanhac, à tous presens et a venir, salut.

Nos chers et bien amés les consuls, jurats, manants et habitans de notre ville de Castelnau en Rivière Basse, senechaussée de notredit comté d'Armagnac, nous ont fait très humblement dire et remontrer, que le 6ᵉ. jour du mois de novembre 1309. Bernard, comte d'Armagnac, leur auroit par ses lettres patentes accordé et octroyé plusieurs droits, coutumes et privileges, desquels ils ont jouï jusques à présent, ainsi que d'iceux nous ont fait apparoir extraits des titres et registres de nos archifs, qui sont en notre ville de Lectoure ci attachés sous le contre seel de notre chancellerie, nous requerant les leur vouloir agréer et confirmer selon leur forme et teneur.

A ces causes, savoir faisons qu'ayant fait voir en notre conseil privé de Navarre et ancien domaine lesdits privileges et coutumes, et inclinant à la supplication des susdits consuls, jurats manans et habitans de notredite ville de Castelnau, et desirant les favorablement traiter, avons de l'avis de notredit conseil, iceux agréés ratifiés, aprouvés et confirmés agréons, ratifions, approuvons et confirmons par ces presentes pour en jouir et user par eux et leurs successeurs à l'avenir tout ainsi qu'ils en ont bien

6

duement usé, jouissent et usent encor de present. Si donnons en mandement aux gens te-
nans nos chambres des comptes de notre ancien
domaine, senechal de notredite comté d'Armanhac, et autres justiciers et officiers qu'il
apartiendra, que du contenu de nos presentes
lettres de confirmation, ils fassent, souffrent et
laissent jouïr les dits habitans de Castelnau, leurs
heritiers et successeurs, pleinement et paisible-
ment sans leur faire ou donner, ou permettre
leur etre fait, mis ou donné aucun trouble, des-
tourbier ou empechement au contraire, car tel
est notre bon plaisir.

En temoin de quoi, nous avons fait mettre et
apposer notre séel à ces présentes.

Donné à Monceaux, le 5ᵉ. jour d'octobre 1598.

HENRI.

Et sur le repli Par le roi comte d'Armagnac FEYNES.

Exibé les vidimé et original par d[a]me Sylvie d'Arrouzés,
femme de noble Jean Pierre d'Areau, habitant de Castelnau, le 5 mai 1664. à DE SAULT et la GRANGE, notaires.

NOTES

GÉOGRAPHIQUES ET HISTORIQUES

SUR LE PAYS DE RIVIÈRE-BASSE

—

Le *Pagus de Riparia Inferiori* était formé de la partie la plus septentrionale de la contrée des *Bigerriones*, ainsi denommés par César (1). Pline mentionne les *Bigerri* (2), saint Paulin parle des *pelliti Bigerri* (3), Sulpice Sévère, de *bigerriga vestis* (4). — De *Bigerri* et de *Bigerriones* sont venus : *Begorra, Begora, Bigorra, Bigorre, Bigordan.* —*Turba* ou *Tarba*, la capitale des *Bigerrons* paraît bien désignée dans l'*Enquête de 1300* (5), par le *Civitas Tarbie, que dividitur à Burgo Tarbie predicte muris et fosatis.* C'était bien là *Castrum Bigorra*, plus tard *Castrum Sedis*, la Sède (6).

Les mots *Turba, Tarba* ont fait quelquefois confondre les *Bigerriones* avec les *Tarbelli*, autre peuple de la Novempopulanie, qui eurent Dax, *Aquæ Augustæ, Aquæ*

(1) CÉSAR, *Guerre des Gaules,* l. III, c. XVII,

(2) PLINE, *Histoire naturelle* (1828), l. IV, c. XXXIII.

(3) PAULIN (Saint), *Œuvres* (1685), Poèmes, p. 33.

(4) SULPICE SÉVÈRE (Saint), *Œuvres* (1647), p. 545.

(5) Cf. *Enquête de l'année 1300*, publié par Gaston BALENCIE, p. 112.

(6) Cf. MAURAN (Guillaume), *Sommaire description du païs et comté de Bigorre*, publié par Gaston BALENCIE, p. 61.

Tarbellicæ, pour capitale jusqu'à la fin du onzième siècle. Ausone cite *Tarbellicus Aturrus* et *Tarbellus Oceanus* (1).

La partie méridionale de la Bigorre ne dut être soumise par les Romains que sous Auguste. Tibulle dans son élégie sur Messala (2) semble l'indiquer, et César lui-même paraît confirmer d'avance cette opinion par ces mots : *Paucæ ultimæ nationes, anni tempore confisæ, quod hiems suberat, hoc facere neglexerunt* (3).

Le *Pagus* de Rivière-Basse, clef de la Bigorre, était resserré entre les *Lactorates*, les *Tarusates* et les peuples de *Beneharnum*.

La Bigorre se terminait au confluent de l'Adour avec l'Arros. Là aussi était la limite extrême du Pays de Rivière-Basse qui, de ce point, en remontant le cours de l'Adour, sur une longueur d'environ vingt-cinq kilomètres, s'épanouissait au levant et au couchant, avec une largeur moyenne de dix kilomètres.

Le *Castrum Novum*, Castelnau, a été, de tout temps, considéré comme la capitale de ce Pays. Au couchant de cette cité, on voit encore un ancien *cami roumin* qui reliait les camps retranchés établis sur les coteaux dominant la vallée d'Adour-Arros, depuis Gouts jusqu'à Maubourguet. A la forte enceinte de Castelnau s'ajouta, de bonne heure, un château avec donjon. Ce château, si on en croit la tradition, d'accord avec des indices fournis par des substructions, était à la place occupée aujourd'hui par l'église. Le donjon, dont les vestiges imposants semblent encore commander le pays, ne paraît pas remonter au delà du douzième siècle.

A cette époque, le château, le donjon et leurs dépendances tenaient environ le tiers de l'enceinte murée, partie

(1) Ausone, *Œuvres* (1843), t. ii, p. 74, et t. i, p. 130.
(2) Tibulle, *Œuvres* (1826), Élégies, l. i, él. vii.
(3) César, *Guerre des Gaules*, l. iii, c. xxvii.

sud-est. On avait accès dans l'enceinte murée par deux portails, l'un au nord, l'autre au couchant, protégés par des contre-portes, barbacane, ponts, etc. De larges fossés, récemment comblés, entouraient les murs de la ville. La trouée au midi n'existait pas, elle a été ordonnée au dernier siècle (1).

Ce fut à Castelnau que le sénéchal anglais d'Aquitaine vint, en 1291, jurer d'observer les fors et les coutumes du pays (2). Guilhelmette avait engagé Castelnau au roi d'Angleterre pour un prêt de 2.000 livres morlanes (3).

Déjà, depuis 1256, le vicomté de Rivière-Basse avait passé au prince de Béarn.

En 1300, notre Pays, avec toute la Bigorre, était confisqué par le roi de France, Philippe le Bel. L'enquête qu'il fit dresser jette un jour lumineux sur la situation géographique de la terre de Rivière.

La confirmation des coutumes de Castelnau, de Maubourguet et de Ladevèze, par Bernard VI, comte d'Armagnac en 1309 (4), établissent qu'à cette époque, notre Pays avait passé définitivement à l'Armagnac, dont il suivra désormais la destinée politique jusqu'à l'époque révolutionnaire.

Castelnau fut toujours le siège de la cour majour de Rivière. C'est au château de Castelnau que le sénéchal du comte d'Armagnac, en 1327, préside cette cour pour juger

(1) Voir délibération de communauté, 3 mai 1789.

(2) Cf. l'abbé J. J. MONLEZUN, *Histoire de la Gascogne*, t. III, p. 51.

(3) Cf. l'abbé J. J. MONLEZUN, *Histoire de la Gascogne*, t. III, p. 51.

(4) Les coutumes de Ladevèze n'ont pas été retrouvées. Cf. l'abbé Joachim GAUBIN, *La Devèze, histoire féodale, municipale et civile*, p. 96.

les gentilshommes de Beaulat, Canet et autres meurtriers d'Athanase, évêque d'Aire (1).

C'était toujours à Castelnau que les seigneurs et communautés de la terre de Rivière rendaient l'hommage au comte (2).

La fameuse ordonnance de Pierre-Raymond de Montbrun, évêque de Tarbes, 1342, achève de répandre la lumière sur la situation géographique de notre Pays à cette époque.

Cette ordonnance ne fit que consacrer un état préexistant. Cette division ecclésiastique devait exactement correspondre aux primitives divisions romaines. Le *Civitas Begorra* devint évêché. Le *Pagus de Riparia Inferiori* forma un archidiaconé à deux archiprêtrés dont Castelnau représenta le premier.

Et depuis l'introduction du christianisme jusqu'à l'époque révolutionnaire, le Pays de Rivière-Basse ne fut jamais détaché de l'évêché de Bigorre. Politiquement non plus, notre Pays n'eut jamais dû être détaché de la Bigorre, à laquelle il tenait par son origine, par sa situation topographique, par ses intérêts économiques. Les seigneurs de Rivière-Basse, en novembre 1787, dans une assemblée tenue à Castelnau, demandaient encore la réunion de ce Pays à la Bigorre (3).

A la formation des départements, une partie de la rive droite de l'Adour, avec Cahuzac, Canet et Gouts sur la rive gauche, fut rattachée au Gers, malgré de nombreuses protestations. Le directoire d'Auch, dans sa séance du 9 avril

(1) Cf. Jean-Baptiste LARCHER, *Glanage*, Inventaire des archives de Lectoure, mot Castelnau.

(2) Cf. Mémoires imprimés, procès entre Castelnau et Mazères, 1770.

(3) Voir archives de Castelnau à cette date.

1792, décida qu'il n'y avait pas lieu de s'y arrêter. Et le morcellement de Rivière-Basse fut consommé.

Au dix-huitième siècle, Castelnau, siège de judicature, et toute la Rivière-Basse ressortissaient pour la justice civile et criminelle de la cour du sénéchal de Lectoure, du bureau des trésoriers de France d'Auch, du parlement de Toulouse, — pour les services administratifs, de la généralité d'Auch et de la subdélégation de Nogaro, — pour les gabelles, fermes du roi, tailles et maintenues de noblesse, de la cour des aides de Montauban, — pour les dénombrements et hommages, de la chambre des comptes de Pau, qui revendiquait aussi contre le bureau des trésoriers d'Auch la juridiction en Rivière-Basse pour les questions de voirie (1), — pour la guerre, du gouvernement général de Guyenne, à Bordeaux, et de la lieutenance d'Auch.

Ces notes ont la seule prétention d'être « suggestives », et de montrer qu'il y a un gros volume de faits et de documents à écrire sur notre histoire locale.

A. MALARTIC.

(1) Cf. *Tablettes de Thémis*, 1755. — Archives municipales de Castelnau-de-Rivière-Basse, procès Medrano, 1760, etc.

TARBES. — TYP. ET LITH. LARRIEU.

www.ingramcontent.com/pod-product-compliance
Lightning Source LLC
Chambersburg PA
CBHW070937280326
41934CB00009B/1917